JUGEMENT IMPARTIAL ET SÉRIO-COMI-CRITIQUE D'UN MANANT,

Cultivateur & Bailli de ſon Village,

Sur le Pain de Pomme de terre pur, de MM. PARMENTIER & CADET;

Et par occaſion, ſur quelques autres Points :

AVEC

UN AVANT-PROPOS DE SON GREFFIER.

A BERNE,

Et ſe trouve

A PARIS,

Chez la Veuve VALLAT-LA-CHAPELLE, Libraire au Palais.

1780.

JUGEMENT IMPARTIAL ET SÉRIO-COMI-CRITIQUE D'UN MANANT,

Cultivateur & Bailli de son village,

Sur le Pain de Pomme de terre pur, de MM. PARMENTIER *&* CADET, *&c.*

AVANT-PROPOS.

M. LE BAILLI ne sait ni grec, ni latin, ni anglois, ni allemand; il sait même assez mal le françois. Occupé, comme il l'est, du métier de laboureur, cela se devine aisément. Mais la nature, qui l'a privé du goût des langues, lui a donné celui de cette profeſſion, & beaucoup d'attachement pour ſon pays.

Lorſqu'il ne voit que cette profeſſion, il ſe trouve convaincu qu'elle en vaut une autre.

Lorſqu'il examine que le plus foible virtuoſe, le plus fade romancier, le plus petit hiſtrion, eſt ou plus lu, ou plus conſidéré, ou plus protégé dans tous les gouvernemens, que l'agronome éclairé, le cultivateur intelligent, le vigneron & le journalier laborieux; il a des doutes.

Quand il voit le gibier préféré à l'homme, les arts utiles & agréables, frères cadets du ſien, avoir leurs temples, leurs profeſſeurs, leurs protecteurs & leurs cordons; il a plus de doutes.

Quand il voit le commerce avec ſes intendans, ſes chambres, ſes députés, ſes bourſes, ſes juridictions, ſes conſuls, ſes inſpecteurs, ſes lettres de nobleſſe, tant de millions d'hommes, tant de milliards d'argent ſacrifiés pour ſon honneur, ſa gloire, ſa ſûreté; & nous, habitans des champs, qui avons fourni preſque tous ces millions d'hommes & ces milliards d'argent, toujours oubliés & abondonnés à nous-mêmes, avant le nouveau règne; ſes doutes croiſſent encore, ſon ame s'affaiſſe, & il eſt prêt à rougir de ſon état.

Quand, d'une autre part, il voit les penſeurs éclairés du ſiècle payer un tribut d'hommages à l'agriculture, & prêcher à leurs contemporains que cet art eſt l'aîné & le pourvoyeur des autres, & que, ſans lui, nous n'aurions ni ducs, ni comtes, ni marquis, mais des chefs de hordes; ſon exiſtence avilie ſe ranime, & il ſe dit: Forçons la terre à rendre davantage, & à varier ſes productions, afin d'offrir plus de jouiſſances à ceux qui nous mépriſent. Si nous ne les portons pas à la reconnoiſſance, peut-être ſentiront-ils un jour qu'ils nous doivent quelques égards.

M. le Bailli eſt enfant de la balle; il a tracé un ſillon dès l'âge de douze ans. A vingt, il avoit lu quelques livres ſur ſon métier. Cette lecture lui fit penſer qu'on ne ſavoit pas tout ſur le ſol où il eſt né, & que des voyages l'éclaireroient; il les entreprit. S'il n'a pas couru autant de dangers que MM. de la Condamine, Anquetil, le Gentil, l'abbé Chape & quelques autres, il étoit preſſé par une ardeur égale à la leur pour s'inſtruire.

Un motif ſoutenoit leur ardeur; ils ſavoient qu'on parleroit de leurs excurſions ſcientifiques; & M. le Bailli n'ignoroit pas qu'on ne diroit rien de lui ni de ſes courſes. La renommée paroît une viande creuſe, mais elle nourrit.

Les connoiſſances qu'il a raſſemblées, les expériences & les nombreuſes obſervations qu'il a faites & qu'il fait journellement, ſemblent lui avoir donné quelque célébrité, non dans le monde ſavant : il y eſt ignoré ; mais autour de lui.

Les gens de ſon eſpèce ſont rarement connus à trois lieues de chez eux. Autrefois il s'en contentoit ; mais aujourd'hui, il trouve la ſphère de ſa réputation un peu bornée, & c'eſt pour gagner quelque terrain, qu'à telle fin que de raiſon, il s'établit juge de la queſtion de ſavoir ſi MM. Parmentier & Cadet ſont les inventeurs du pain de pomme de terre pur, circonſtances & dépendances.

Halte là, bon homme, diront quelques-uns de nos inſtituteurs citadins ; êtes-vous au fait, vous & votre manant de Bailli, du droit des parties contendantes ? Connoiſſez-vous la culture & l'utilité de la pomme de terre ?

Eh! oui, Meſſieurs, & peut-être mieux que vous ; liſez le Jugement de M. le Bailli, & vous m'en direz des nouvelles. Ce qu'il fait, je le fais, & tout le monde peut le ſavoir ; car il eſt fort communicatif.

JUGEMENT
DE M. LE BAILLI.

A tous ceux. &c. SALUT. Savoir faiſons que, Vu d'une part les écritures de Parmentier & Cadet, & de quelques-uns de leurs adhérens, tendantes à établir qu'il eſt poſſible de faire un pain de pomme de terre pur, auſſi digeſtible, auſſi ſavoureux, auſſi agréable, auſſi nourriſſant, en un mot, auſſi parfait que le meilleur pain de froment, & à plus bas prix que celui-ci, au cours de ce jour, la farine fût-elle de blé rouge de Limagne, ou de blé blanc d'Angleterre, de blé commun à épis roux ou blancs, barbus ou imberbes, de blé de Miracle ou de Sirie : Vu le rapport de certains perſonnages aux yeux de linx (*a*) & à palais d'Apicius, commis pour déguſter ce pain tant célèbre, leſquels ne l'ont pas trouvé tout-à-fait tel qu'il eſt annoncé. Ouï quelques partiſans de Parmentier & Cadet, leſquels ont dit que le goût des commis déguſtateurs étoit ſans doute blaſé ce jour-là, pour s'être régalés la veille

(*a*) Les Commiſſaires de l'Académie des Sciences.

avec du pain de gruau pur. Ouï aussi un médecin, homme franc, point charlatan, ne tenant à aucune société ni clique, à qui il avoit été remis un morceau de pain *Cadet*, lequel a dit qu'il étoit bon, très-bon. Vu le détail des procédés par lesquels on parvient à faire le meilleur pain de pomme de terre possible, consistans, 1°. dans le lavage de la bulbe; 2°. dans le pelage; 3°. dans le rapage à bras, très-fatiguant, de l'aveu même des auteurs, mais que des machines, *encore à inventer*, rendront plus facile; 4°. dans le lavage répété de l'*amidon*, que l'on auroit dû nommer farine, attendu que dans la tête de nous autres manans, le mot *amidon* se présente toujours comme drogue propre à donner de la fermeté à notre fin linge, & point du tout à faire du pain; 5°. dans la juste proportion d'eau qu'il faut donner, de peur de *noyer* (a), non le meûnier, il n'y en a point encore ici, mais les inventeurs Parmentier & Cadet. Vu la prétention trouvée excessive, non des inventeurs, mais de leurs adhérens ou soi-disant tels, de donner pour une découverte du premier ordre, celle en question,

---

(a) *Noyer le meûnier*, en termes de boulangerie, c'est mettre trop d'eau relativement à la quantité de la farine.

en l'annonçant comme infiniment importante pour l'humanité.

Vu d'autre part les repliques des contempteurs desdits Parmentier & Cadet, tant publiques que privées, expositives : que la bulbe de la pomme de terre n'a au plus que six mois & demi de durée après sa maturité ; qu'en avril elle pousse, bon gré malgré, des racines ; qu'à mesure qu'elle les pousse, le magasin farineux se vide, de peur des mites ; que tous ceux qui la cultivent ou la cultiveront, n'ont ou n'auront pas toujours des lieux propres pour la garantir de la gelée ; qu'une fois atteinte de ce fléau, la substance panifiable se dissout, & que l'enveloppe n'est plus qu'une espèce de vessie contenant une eau presque claire, disposée à jaillir lorsqu'on la presse, & que les polissons des villes substitueront infailliblement aux pelotes de neige, s'il n'intervient promptement un réglement de police qui le leur défende ; qu'il faut de la foi pour croire aux expériences desdits Parmentier & Cadet, le résultat desquelles est, que la pulpe des batates gelées est aussi bonne que celle des non gelées : ce qui, observent lesdits contempteurs, n'a pas lieu par rapport aux poires, aux pommes, aux oignons & aux navets, à moins qu'on ne les prépare encore gelés ; qu'il eſt vrai que, par prévoyance, on peut laver, peler, raper, relaver, broyer, piler, tamiſer, ſécher & étuver la nouvelle manne ; mais que cette prévoyance a pour les peuples *patatiphages* quelques inconvéniens, que peut-être lèveront leſdits Parmentier & Cadet. Ils en articulent trois principaux : le défaut de temps, le défaut d'étuves, & enfin le défaut de chaleur de l'air pour ſécher la fécule, en place d'étuves (*a*). (Il en eſt d'autres, mais avançons). Que pour bien faire, il faudroit qu'on la récoltât lorſqu'on la plante, & qu'on la plantât lorſqu'on la récolte, ce qui ne ſe peut, comme l'ont objecté certaines gens, attendu que les plantes ſe conſervent ſous les neiges, & n'y croiſſent pas, quoiqu'on l'ait dit du blé, du ſeigle & des autres herbes ; que preſque tous les champs où l'on peut mettre ladite patate, exigent des engrais, à défaut de quoi ils donnent peu de bulbes, & que ce qui manque aux quinze ſeizièmes des cultivateurs, ce ſont les engrais ; que dans les années très-sèches, elle ne multiplie

(*a*) Il eſt vrai que l'air eſt ordinairement peu desséchant depuis le 1er. octobre juſqu'au 1er. avril, temps de l'exiſtence de notre pomme *Cadet*. [*Note du Greffier*].

guère, dans les années humides encore moins; que trop de plant, une bonne terre, peu de culture & trop d'eau, donnent beaucoup de fane, & peu de fruit; que cette fane, abondante ou rare, appéte mal les bestiaux; que coupée trop tard, ils n'en veulent point : coupée trop tôt, cela nuit à l'abondance du fruit : sèche, elle n'est bonne qu'à brûler; que pour faire des récoltes honnêtes, il faut réunir le soin de bien préparer la terre à ceux de biner, sarcler & butter une fois en mai, lorsque la tige a six ou huit pouces, une autre en juin, & quelquefois une troisième en juillet, lorsque les herbes gagnent trop de terrain; que ces attentions, qui demandent des bras & non la charrue, peuvent être prises pour de petites exploitations, mais qu'on manqueroit d'agens pour de grandes, parce que les travaux cités concourent toujours avec d'autres travaux indispensables; que ladite patate ne vient ni dans les terrains légers, ni dans les plus gras, (ce qui paroît contradictoire, mais nos maîtres n'y regardent pas de si près); que le navet lui est préférable, en ce qu'il peut être récolté sur une terre à semer en seigle, ou semé sur un champ récolté en seigle; qu'il est plus sain que ladite patate; & enfin, qu'il n'est point vrai que lesdits Parmentier & Cadet aient fait ou fait faire les premiers du pain de pomme de terre pur, attendu que nombre de cantons le connoissoient avant la publication de leur œuvre, notamment certains rustres comme nous, Champenois, Flamands, Ardennois & Allemands.

Vu aussi la requête des peuples encore peu *patatiphages* (a) des environs de Paris, de la Brie & d'un grand nombre d'autres lieux, & celle des peuples plus *patatiphages* des environs de Charleville, des Ardennes, du Hainault & de la Flandre, tendans à être maintenus dans l'usage de faire cuire leurs topinambours, batates ou patates rouges ou blanches, de howard ou d'autres, sous la cendre ou à l'eau, & de les manger ensuite avec lard ou sans lard, avec ou sans lait, sel, beurre, graisse, huile, suivant leurs facultés habituelles ou momentanées : Vu leur déclaration expresse qu'ils font à peine un pain passable avec deux tiers de farine de seigle, & un tiers de farine de blé ; que le temps qu'ils emploieroient à la confection du pain *Cadet*, leur en feroit souvent perdre un plus précieux ; qu'ils auroient peu d'espérance de le faire plus mangeable

(*a*) Mangeans peu de patates.

que celui qu'ils font quelquefois, à moins que ledit Cadet & consorts, par eux-mêmes ou par délégués à ce stylés, ne les initiassent dans leur mystère, & ne les fournîssent de rapes, baquets, mortiers, tamis & étuves, ce à quoi ils ne sont obligés de fait ni de droit. Vu un écrit récriminatoire du menu peuple des villes, portant notification qu'il ne mangera dudit pain *Cadet* qu'au défaut de celui de blé, ce qu'à Dieu ne plaise! Vu les craintes puériles d'une certaine espèce de bipèdes à courtes oreilles, & à connoissances plus courtes encore, lesquels présument que les avantages annoncés par lesdits Parmentier & Cadet pourroient faire abandonner la culture du froment & de quelques autres grains, au grand détriment de la France. Vu & examiné nous-mêmes nombre de lieux où l'on cultive bien ou mal ladite pomme de discorde, lieux qui renferment ensemble ou séparément de toutes les espèces de sol cultivable. Vu & comparé le produit nourricier d'une livre de froment & d'une livre de patate, desquelles expériences & comparaisons appert, que seize onces de blé donnent environ douze onces de nourriture humaine, bonne, savoureuse, facile à obtenir & à préparer, &

près de quatre autres en ſon pour les beſtiaux; au lieu que ſeize onces de la ſuſdite bulbe ne donnent au plus que trois onces de fine farine, & deux de très-médiocre pour tout produit, même manipulées par leſdits Parmentier & Cadet.

Vu une requête d'intervention donnée par un partiſan grand louangeur deſdits Parmentier & Cadet, mais brave citoyen, lequel deſireroit, à la faveur de leur pain chéri, introduire auſſi l'uſage de celui de caſtagne ou châtaigne. Vu enfin un fatras d'autres écritures pour ou contre, qui ne diſent rien, & qu'à notre tribunal les procureurs ne paſſeront jamais en taxe : TOUT CONSIDÉRÉ, ET FAISANT DROIT.

NOUS maintenons ledit Parmentier dans celui de pouvoir dire qu'il eſt l'inventeur du premier pain de pomme de terre pur, qui ſoit bon & mangeable ; & cependant lui défendons, ainſi qu'au ſuſdit Cadet & à tous autres *patatimanes*, de prétendre à la gloire d'en faire jamais d'auſſi parfait que celui de froment, ni même d'en approcher de trop près. Aſſignons le rang d'utile à cette découverte, & la plaçons cent degrés au deſſus des châſſis phyſiques du ſoi-diſant professeur d'agriculture Mallet; mais beaucoup au dessous de la mouture par économie, attendu que, par cette dernière invention, on conserve à l'homme ce qui étoit perdu pour lui. Avenant le cas où, par des engins d'ingénieuse & simple construction, & à bas prix, la manipulation & préparation du susdit pain pourroient être mises à la portée & facilité de nous autres manans, promettons à l'inventeur ou aux inventeurs de placer la susdite découverte à côté de la mouture par économie, dont l'auteur n'est point l'un des Malisset, comme dans le temps on l'a dit. Pour réparer le scandale donné par l'excès de la prétention des adhérens ou soi-disant tels dudit Parmentier & consorts, sur l'importance de la susdite découverte, condamnons lesdits adhérens à se rétracter publiquement, ou à ne manger pendant un mois d'autre pain que celui fait avec la seconde farine des susdites patates; & dans le cas où il leur pèseroit sur l'estomac, permis à eux de cultiver leurs champs de pomme de terre, s'ils en ont, ou de raper leurs bulbes, afin d'éviter une digestion laborieuse.

Maintenons les grands & petits cultivateurs, ainsi que les journaliers, & tous autres manans & rustres comme nous, dans le droit de conſommer leurs topinambours comme ils le voudront, & ſuivant leurs goûts & facultés. Ils en mangent peu en ſalade ; nous les invitons à le faire, ne fût-elle qu'au ſel & au vinaigre, la pomme préalablement cuite. Invitons & ſollicitons auſſi ceux qui auront le temps & les moyens, à imiter ledit Parmentier d'auſſi près qu'ils le pourront, dans la panification de la batate, & ſur-tout à mettre dans le pain la petite doſe de ſel recommandée : mais le ſel eſt bien cher pour nous autres. Permettons aux eſtomacs bons digérateurs, & à tous gens d'un travail de corps plus ou moins pénible, de manger ou de continuer de manger le ſuſdit légume à telle ſauce qu'il leur plaira, & ſans inconvénient, pourvu qu'ils boivent en mangeant. Prévenons tous autres d'en uſer modérément, à moins que la diſette ne les contraigne. Recommandons à Suzon notre cuiſinière, à tous ceux & celles qui ont autant ou plus de ſcience qu'elle, & à tous ceux & celles qui, n'en ayant pas encore ſur l'apprêt de la victuaille en queſtion, pourroient en acquérir par la ſuite, de ne pas perdre l'habitude d'en faire du potage au gras, des crêmes, des fritures, des tartes, des gâteaux, des ſalades, &c. ; & quant à ce qui nous regarde, de les réſerver pour nos jours de gala,

gala, les crêmes, les tartes & les gâteaux surtout; car cela ne laisse pas de coûter cher pour des vilains (*a*) comme nous.

Nous croyons obligés en conscience d'indiquer à ceux qui l'ignorent, que la susdite pomme de terre, quoi qu'on en dise, vient sur toutes sortes de terres à grains, sans exception, légères ou pesantes, froides ou chaudes, ouvertes ou serrées; le tout avec des engrais, une bonne culture, des binages, le soin de butter, & surtout une distance de trois pieds entre chaque plant, afin que la butte ait plus de base, & les racines qui poussent des aisselles des feuilles enterrées, plus d'espace pour s'étendre; que suivant les soins, les terrains & les temps plus ou moins favorables, qu'on ne tient pas toujours dans sa manche, elle peut donner de trente à cent cinquante septiers de fruit, mesure de Paris, par arpent de 100 perches de 22 pieds, & par extraordinaire jusqu'à 200 septiers; que, malgré d'Hauteville, les meilleures terres sont celles qui en rapportent le plus, & les terres sablonneuses

(*a*) *Vilain*, vieux mot par lequel on nous désignoit autrefois; c'est-à-dire, *homme de village*. C'est de cette façon qu'il faut l'entendre ici.

celles qui en donnent le moins; qu'indépendamment de ſon utilité pour l'homme, la ſuſdite pomme fait, avec un tiers de farine d'orge, & ſans trop d'apprêt, de fort bon pain pour le chenil; qu'elle donne d'excellent lait aux vaches & aux brebis; qu'elle engraiſſe les porcs & volailles, non pas *fin gras* (*a*), mais qu'il reſte peu à faire pour les pouſſer à ce terme avec le grain; qu'il ſeroit à deſirer que chaque père de famille des champs eût au moins ſon demi-quartier de patates, le petit fermier ſon demi-arpent, & le gros à proportion de ſa culture; que cette attention ſeroit d'une reſſource infinie dans les diſettes; & que, hors de ce temps de calamité, cela mettroit à même de ſe procurer des profits de baſſe-cour très-conſidérables.

Permettons aux ſpéculateurs de faire des magaſins de farine de pomme de terre préparée à la manière deſdits Parmentier & Cadet, que nous trouvons bonne, ou par tels moyens & procédés plus abrégés & plus économiques qu'ils pourront découvrir, après toutefois s'être aſſurés

---

(*a*) Terme de nourriſſage & de boucherie, lequel veut dire qu'un animal eſt à peu près auſſi chargé de graiſſe qu'il peut en prendre.

par des expériences ſoignées, qu'elle peut ſe conſerver un certain temps ſans ſe gâter, n'entendant conſtituer perſonne en perte ; &, en ce cas, défendons à la canaille des villes & bourgs, de traiter leſdits ſpéculateurs d'acapareurs & monopoleurs de topinambours ; lui enjoignons au contraire de les regarder comme citoyens utiles & prévoyans ; invitons l'inventeur ou le débitant dela fécule (*a*) de papas pour les ſoupes & les crêmes, à en baiſſer humainement le prix, & à ne point imiter ces benins apothicaires qui nous vendent l'orge mondé de 600 à 1200 liv. le ſeptier, malgré le feu de l'autre monde, qui grille ſans conſumer, & ſans ſe conſumer.

Regardons ceux qui ont craint que les avantages annoncés ſous les noms collectifs des ſuſdits Parmentier & Cadet, dans la culture de la pomme de terre, ne fiſſent abandonner celle du blé, comme probablement vaporeux, puiſqu'ils ont peur de leur ombre ; &, encore qu'il ſemble dur d'infliger des peines à ceux qu'une timidité exceſſive pourroit faire ſoupçonner de démence, nous les condamnons cependant, à cauſe de l'excès de la ſuſdite timidité, à

(*a*) Ce mot *fécule* ſent la médecine à plein goſier.

faire réparation publique à nous, vilains, manans & ruſtres cultivateurs, pour nous avoir cru capables de prendre le change à la voix deſdits Parmentier & Cadet, ſur un point de cette importance, quelle que ſoit d'ailleurs la confiance qu'ils méritent par leur zèle pour le bien public, l'étendue de leurs connoiſſances, & leur ardeur infatigable pour s'en procurer de nouvelles.

Donnons rang & préſéance à la batate ou patate, ou papas, ou eſpèce de topinambours, ou tout ſimplement pomme de terre, (ſi les autres noms déſignent d'autres plantes, ne voulant point eſſuyer de reproches de la part de certains fureteurs de noms, qu'on appelle nomenclateurs, claſſificateurs ou botaniſtes) ſur le navet, fût-il turnip, anglican ou rabioule de Limoges, navet de Fréneuſe ou de Meaux, à pulpe jaune ou blanche, comme d'une utilité plus générale pour l'homme & les beſtiaux, comme contenant plus de nourriture ſous un moindre volume, & encore comme donnant des récoltes plus aſſurées, attendu qu'aucun inſecte, le millepieds excepté, ne l'attaque; qu'elle ſe plante dans une ſaiſon où la terre eſt toujours humide, au lieu que les ſéchereſſes ou le puceron font ſouvent manquer en tout ou partie celles du navet : condamnons ceux qui ont avancé que le navet, de quelque pays, eſpèce ou qualité qu'il ſoit, étoit plus ſain, & qui, par cette raiſon & d'autres, lui ont donné la préférence ſur la pomme *Parmentière*, à abjurer cette erreur d'une manière notoire; ſi mieux n'aiment expérimenter de ſe nourrir ſix ſemaines de pain *Cadet*, & enſuite ſix autres ſemaines de navet, même à pulpe jaune, comme le meilleur : pendant les ſix ſemaines d'orgies *navétiques*, engageons les expérimentateurs à s'éloigner de ceux qui jouiſſent encore des ſens de l'ouie & de l'odorat, ſous peine d'y être contraints par toutes voies dues & raiſonnables, même par expulſion de tout endroit fermé; & cependant prévenons tous virtuoſes, amateurs & autres gens à inſtrumens ayant beſoin de vent, comme cors de chaſſe, trompettes, hautbois, &c. qu'ils peuvent tirer du navet pris pour nourriture, & copieuſement, des ſervices eſſentiels; par exemple, dans le cas où des accidens qu'on ne peut prévoir leur couperoient le vent de l'avant, il ne ſera queſtion que d'une ſimple tranſpoſition de l'inſtrument pour ſaiſir le vent de l'arrière, toujours prêt à ſouffler en ſuivant le régime preſcrit; préſumons, ſans être chimiſte, & ſans connoître d'autre air que notre air de campagne, que le fufdit navet ne peut pas être une plante indifférente pour les Prieftley, les Lavoifier, les Volta, les Lafond, & autres grands chercheurs, difféqueurs, féparateurs, compofiteurs, décompofiteurs & recompofiteurs d'airs fixes ou non fixes, phlogiftiqués ou non phlogiftiqués (*a*).

N'entendons prendre date fur le plumitif d'aucune académie, pour raifon de nos découvertes, inventions & indications, s'il en eft quelques-unes en ceci qui foient nôtres, ce que nous n'avons pas examiné; laiffons à chacun le droit d'en revendiquer le tout ou partie, ou de s'en emparer, comme il jugera à propos.

Déclarons, par les raifons que nous venons de dire, & autres que nous allons détailler, le navet plante grandement utile, quoique fubordonnée à la fufdite pomme *Cadet*; 1°. en ce

(*a*) Le nom d'*air fixe* ne paroît pas congru à M. le Bailli.

Ce qu'on nomme *air fixe*, eft un air plus chargé de vapeurs que l'air ordinaire, & qu'un fouffle éparpille: il n'eft donc pas fixe. M. le Bailli eft le très-grand admirateur de ces Meffieurs; mais il trouve que la langue de la phyfique devient bien difficile. [*Note du Greffier*].

qu'elle eſt d'un uſage journalier ſur nos tables, ſomptueuſes ou frugales, tant qu'elle dure; 2°. en ce que les enfans du pauvre la mangent cuite ſous la cendre; 3°. en ce qu'elle peut ſervir à la nourriture des vaches, bœufs, moutons, brebis & porcs; 4°. en ce qu'elle donne autant ou plus que la ſuſdite bulbe panifique, lorſqu'elle proſpère; 5°. en ce qu'elle donne infiniment plus dans les terrains ſablonneux; 6°. enfin, en ce que nous avons vu tirer juſqu'à 1200 liv. & 1500 liv. de produit net d'un arpent de navets racineux, & même, par plus grand extraordinaire, 1800 liv., le champ placé à dix lieues de Paris.

Indiquons à ceux qui ont beſoin de le ſavoir, que le turnip ou turnep Albionnais, tant vanté par nos Anglomanes, n'eſt autre choſe que notre navet de Limoges; que ſon goût un peu fort n'en permet guère l'uſage qu'à nous manans & à nos beſtiaux, à moins qu'on ne manque des autres, auquel cas on fait de néceſſité vertu; que cette eſpèce rend plus qu'aucune autre, à ſol, ſaiſons, culture & engrais égaux; que le gros navet racineux de Meaux le ſuit de près pour le rapport, lui eſt ſupérieur pour le goût, & donne plus dans les ſables; que le meilleur pour la table eſt le navet à chair jaune, encore peu connu, ſinon dans les potagers de l'Iſle-Adam; qu'après lui, ſont le petit navet de Fréneuſe & le petit racineux de Meaux; que des nouvelliſtes ont annoncé une eſpèce de navet cultivé en Livonie ou en Laponie, pays froids, lequel ils diſent *non ſuſceptible* de gelée: cela étant, diſons qu'il peut ſe naturaliſer en France, & en conſéquence, prions humblement notre bon Roi d'ordonner à ſes ambaſſadeurs en Ruſſie & en Suède, de s'enquêter de l'exiſtence, vie & mœurs dudit navet, &, dans le cas où il ſeroit non gelable, de nous en procurer de la graine, attendu que le plus grand nombre de nous chétifs n'a point de caves pour garantir les nôtres.

Diſons que, quoiqu'on ait de juſtes raiſons pour en vouloir à ſes ennemis, on peut, on doit même les imiter lorſqu'ils font bien: en conſéquence, propoſons à nos compatriotes l'exemple de nos voiſins & jaloux inſulaires, leſquels cultivent la carotte jaune, blanche & rouge, en plein champ; leur obſervons que cette plante eſt ſucculente, & très-ſubſtantielle; qu'elle donne beaucoup de fruit lorſque le terrain lui plaît; que l'Anglois la donne à ſes chevaux, qui valent bien les nôtres, au lieu d'avoine (*a*) ; que la vache & la brebis en aiment la fane, laquelle peut être coupée deux & trois fois, & la bulbe encore plus que le navet ; que le porc s'en gorge ; enfin, que son utilité pour l'homme est connue ; que les terrains limoneux, francs, pas trop glaiseux, les bons sols crayonneux & marneux, les terres à demi tourbeuses qui ont du fond, en admettront la culture avec grand profit ; qu'il y en auroit peu dans les sols sablonneux, gréveux, rocailleux, pierreux ou trop glaiseux ; que sa devise est culture profonde, engrais abondans, à moins que la terre ne soit tendre & riche par elle-même.

Déclarons toutes les méthodes de cultiver la susdite pomme de terre, données jusqu'à ce jour, au moins celles que nous connoissons, vicieuses & peu conformes à ce qui se pratique en Flandre, en Hainault, & dans les bois des Ardennes ; ce qui procède sans doute de ce que ladite patate croît dans les champs, & que nos instituteurs ne les fréquentent guère : intimons à tous faiseurs d'*Encyclopédie Agricole*, *Dictionnaires d'Agriculture* ou autres y ayant rapport, *Maison*

(*a*) Non pas aux chevaux de race, quoiqu'on l'ait dit.

& Socrate rustique, *Gentilhomme cultivateur*, *Traité des animaux & volailles de basse-cour*, &c. de ne point chercher à nous instruire sans vocation & sans cours préalable, attendu qu'on exige ces deux choses pour la plupart des autres arts & métiers, même pour être Bénédictin, Bernardin ou Chartreux, quoiqu'on n'ait rien à faire; les engageons, après qu'ils se trouveront munis de vocation & d'une bonne théorie, à voyager long-temps entre mars & octobre, s'ils ont de l'argent, car nos aubergistes sont arabes, & à recueillir avec soin & discernement les bonnes pratiques, malheureusement trop éparses, de la grande & de la petite culture, pour les faire connoître dans les lieux où elles sont ignorées.

Déclarons par occasion, & tandis que nous sommes sur le siège (*a*), tous les livres imprimés jusqu'à ce jour sur la pratique de notre profession, bons ou mauvais sans exception, nuls & comme non avenus par rapport à nous, at-

---

(*a*) M. le Bailli a raison de dire *tandis qu'il est sur le siège;* car il y monte rarement. Son attention à prévenir les procès l'en dispense : aussi l'appelle-t-on la crême des baillis, & mon greffe le plus pauvre des greffes. [*Note du Greffier.*]

tendu notre défaut d'argent pour les acheter; celui du temps pour les lire, & que, ſi nous nous occupions à cela, vous, urbains inſoucians, n'auriez pas de pain. Arrivant le cas à l'avenir où aucuns bien intentionnés voudroient travailler pour l'inſtruction de nous manans, les exhortons à ne donner que des préceptes clairs & concis, un langage ſimple, & non des diſcours oratoires, car c'eſt parler latin dans une chaire de village; un livret & non des *in-folio*, le texte nu & non des images : les moines mendians nous en fourniſſent, & on les nourrit (*a*); en un mot, la pratique ou copiée dans les champs, ou déduite de principes sûrs & évidens : il en exiſte; & non de ſyſtêmes vagues, de ſuppoſitions fautives, d'expériences ou d'obſervations mal faites. D'après ceci, invitons le ſuſdit Parmentier, qui écrit mieux que nous, à faire ſes *Avis aux bonnes Ménagères* plus abrégés, attendu qu'elles n'ont pas beſoin de ce que l'antiquité a fait, mais de ce qu'elles doivent faire, & qu'un livre claſſique n'en eſt pas meilleur pour être plus gros; le prions auſſi, par parenthèſe, de rectifier ſa

---

(*a*) C'eſt les payer cher; mais l'uſage eſt établi, & déja ancien.

manière de diſtinguer le blé parfait, le bon & le médiocre, du blé plus ou moins altéré ; au demeurant, maintenons ledit Parmentier & ſon affilié Cadet, dans leur qualité bien acquiſe de bons & honnêtes citoyens, & voulons que, ſur ce, les préſentes leur ſervent de toutes Lettres dues & néceſſaires.

Il eſt, reſpect regardé, des animaux de notre eſpèce, & le nombre eſt honnête, qui, comme on dit, ne valent rien à rôtir ni à bouillir; diſons, au contraire, que la châtaigne eſt bonne de l'une & de l'autre façon, mais peu propre à faire un pain mangeable : en conſéquence, diſpenſons les malheureux & intéreſſans peuples des montagnes du Lyonnois, du Forez, de l'Auvergne, du Limouſin, du Gévaudan, & autres pays pauvres & routiniers, de panifier la ſuſdite châtaigne ; à eux permis de continuer d'en uſer à l'ordinaire. Diſons, d'après nos obſervations, qu'on ne prend ſoin du châtaignier que dans les lieux où il croît peu de grain ; que dans ceux où il en croît au moins pour la ſubſiſtance des habitans, on l'a, généralement parlant, abandonnée ; que cependant ledit arbre bien conduit, prend une belle tige, un port plus majeſtueux que le chêne ; qu'il a une tête mieux, formée, un feuillage plus agréable; qu'il lui eſt inférieur en utilité, mais qu'aucun autre arbre ne peut ſe placer entre eux deux; que ledit châtaignier pouſſe plus promptement en plein bois, & plus facilement, iſolé; que ſon fruit eſt d'une toute autre importance; qu'il manque moins, parce qu'il fleurit plus tard; enfin, qu'il eſt préférable au plat & élancé peuplier d'Italie, au ſtérile tilleul, à l'inutile marronnier d'Inde, & au triſte & tremblotant blanc de Hollande.

Sur le ſurplus des diſcuſſions pommi-farino-panifiques & navétiques, ſi ſurplus y a, mettons les Parties hors de cour & de procès.

Prévenons ceux dont nos lourdes pointes auroient pu bleſſer la ſenſibilité, que telle n'a pas été notre intention; & leur faiſons d'avance toute excuſe due & légitime, en les priant d'obſerver que la nation étant follette, & nos ſujets graves & ſérieux, nous avons cru devoir les égayer à notre manière, ſous peine de n'être lus que par ceux dont le ſommeil n'approche que difficilement; & quand on dort, on ne voit goute.

MANDONS à tous nos gazetiers, folliculaires, journaliſtes & autres diſtributeurs de réputations éphémères ou durables, de nous accorder place dans leurs feuilles pour y loger l'annonce du préſent, & de prévenir leurs lecteurs de diſtinguer ce qui n'eſt que plaiſanterie campagnarde, d'avec ce qui eſt précepte ou inſtruction, attendu qu'un manant peut ne pas rire finement, mais ſavoir ſon métier.

FAIT & donné dans nos heures de loiſir, l'an 51 de notre exiſtence agricole.

www.ingramcontent.com/pod-product-compliance
Ingram Content Group UK Ltd.
Pitfield, Milton Keynes, MK11 3LW, UK
UKHW020526180726
13839UKWH00005B/2325

9 782329 597393